MW01268957

					1
					2
					3
					4
					5
					6
					7
					8
					9
					10
					11
					12
					13
					14
					15
					16
					17
					18
					19
					20
					21
					22
					23
					24
					25
					26
					27
					28
					29
					30
					31
					32
					33
					34
					35
					36
					37
					38
					39
					40

														1
														2
														3
														4
														5
														6
														7
														8
														9
														10
														11
														12
														13
														14
														15
														16
														17
														18
														19
														20
														21
														22
														23
														24
														25
														26
														27
														28
														29
														30
														31
														32
														33
														34
														35
														36
														37
														38
														39
														40

						1
						2
						3
						4
						5
						6
						7
						8
						9
						10
						11
						12
						13
						14
						15
						16
						17
						18
						19
						20
						21
						22
						23
						24
						25
						26
						27
						28
						29
						30
						31
						32
						33
						34
						35
						36
						37
						38
						39
						40

					1
					2
					3
					4
					5
					6
					7
					8
					9
					10
					11
					12
					13
					14
					15
					16
					17
					18
					19
					20
					21
					22
					23
					24
					25
					26
					27
					28
					29
					30
					31
					32
					33
					34
					35
					36
					37
					38
					39
					40

																				1
																				2
																				3
																				4
																				5
																				6
																				7
																				8
																				9
																				10
																				11
																				12
																				13
																				14
																				15
																				16
																				17
																				18
																				19
																				20
																				21
																				22
																				23
																				24
																				25
																				26
																				27
																				28
																				29
																				30
																				31
																				32
																				33
																				34
																				35
																				36
																				37
																				38
																				39
																				40

										1
										2
										3
										4
										5
										6
										7
										8
										9
										10
										11
										12
										13
										14
										15
										16
										17
										18
										19
										20
										21
										22
										23
										24
										25
										26
										27
										28
										29
										30
										31
										32
										33
										34
										35
										36
										37
										38
										39
										40

																									1
																									2
																									3
																									4
																									5
																									6
																									7
																									8
																									9
																									10
																									11
																									12
																									13
																									14
																									15
																									16
																									17
																									18
																									19
																									20
																									21
																									22
																									23
																									24
																									25
																									26
																									27
																									28
																									29
																									30
																									31
																									32
																									33
																									34
																									35
																									36
																									37
																									38
																									39
																									40

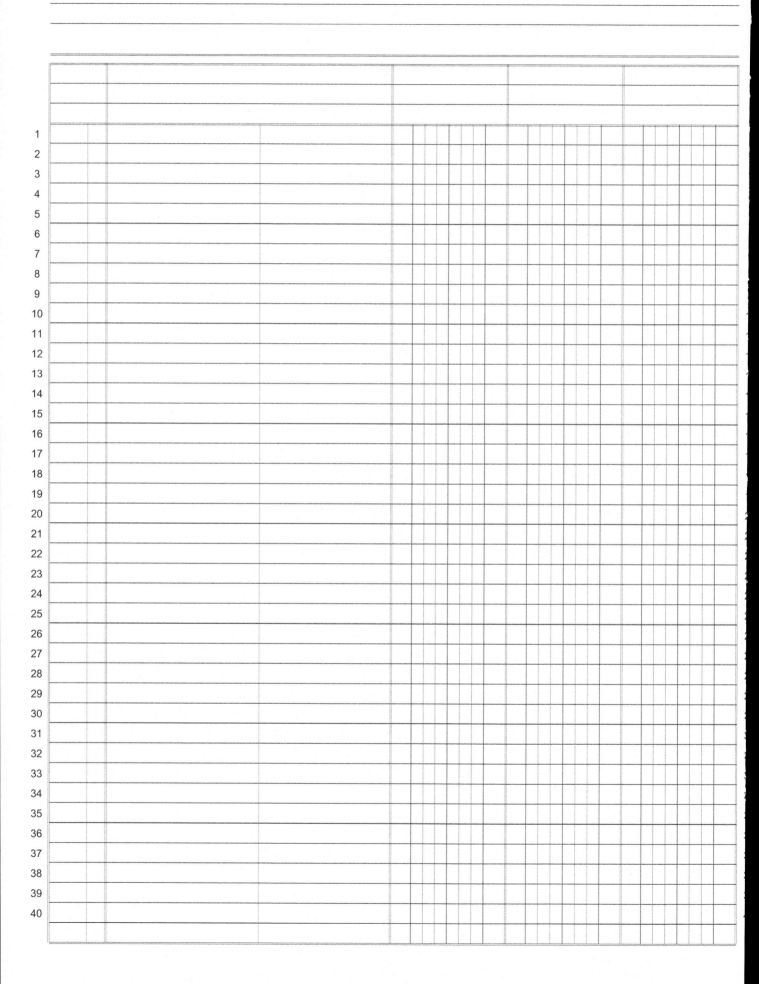

					1
					2
					3
					4
					5
					6
					7
					8
					9
					10
					11
					12
					13
					14
					15
					16
					17
					18
					19
					20
					21
					22
					23
					24
					25
					26
					27
					28
					29
					30
					31
					32
					33
					34
					35
					36
					37
					38
					39
					40

							1
							2
							3
							4
							5
							6
							7
							8
							9
							10
							11
							12
							13
							14
							15
							16
							17
							18
							19
							20
							21
							22
							23
							24
							25
							26
							27
							28
							29
							30
							31
							32
							33
							34
							35
							36
							37
							38
							39
							40

																											1
																											2
																											3
																											4
																											5
																											6
																											7
																											8
																											9
																											10
																											11
																											12
																											13
																											14
																											15
																											16
																											17
																											18
																											19
																											20
																											21
																											22
																											23
																											24
																											25
																											26
																											27
																											28
																											29
																											30
																											31
																											32
																											33
																											34
																											35
																											36
																											37
																											38
																											39
																											40

																		1
																		2
																		3
																		4
																		5
																		6
																		7
																		8
																		9
																		10
																		11
																		12
																		13
																		14
																		15
																		16
																		17
																		18
																		19
																		20
																		21
																		22
																		23
																		24
																		25
																		26
																		27
																		28
																		29
																		30
																		31
																		32
																		33
																		34
																		35
																		36
																		37
																		38
																		39
																		40

							1
							2
							3
							4
							5
							6
							7
							8
							9
							10
							11
							12
							13
							14
							15
							16
							17
							18
							19
							20
							21
							22
							23
							24
							25
							26
							27
							28
							29
							30
							31
							32
							33
							34
							35
							36
							37
							38
							39
							40

																				1
																				2
																				3
																				4
																				5
																				6
																				7
																				8
																				9
																				10
																				11
																				12
																				13
																				14
																				15
																				16
																				17
																				18
																				19
																				20
																				21
																				22
																				23
																				24
																				25
																				26
																				27
																				28
																				29
																				30
																				31
																				32
																				33
																				34
																				35
																				36
																				37
																				38
																				39
																				40

						1
						2
						3
						4
						5
						6
						7
						8
						9
						10
						11
						12
						13
						14
						15
						16
						17
						18
						19
						20
						21
						22
						23
						24
						25
						26
						27
						28
						29
						30
						31
						32
						33
						34
						35
						36
						37
						38
						39
						40

						1
						2
						3
						4
						5
						6
						7
						8
						9
						10
						11
						12
						13
						14
						15
						16
						17
						18
						19
						20
						21
						22
						23
						24
						25
						26
						27
						28
						29
						30
						31
						32
						33
						34
						35
						36
						37
						38
						39
						40

					1
					2
					3
					4
					5
					6
					7
					8
					9
					10
					11
					12
					13
					14
					15
					16
					17
					18
					19
					20
					21
					22
					23
					24
					25
					26
					27
					28
					29
					30
					31
					32
					33
					34
					35
					36
					37
					38
					39
					40

											1
											2
											3
											4
											5
											6
											7
											8
											9
											10
											11
											12
											13
											14
											15
											16
											17
											18
											19
											20
											21
											22
											23
											24
											25
											26
											27
											28
											29
											30
											31
											32
											33
											34
											35
											36
											37
											38
											39
											40

						1
						2
						3
						4
						5
						6
						7
						8
						9
						10
						11
						12
						13
						14
						15
						16
						17
						18
						19
						20
						21
						22
						23
						24
						25
						26
						27
						28
						29
						30
						31
						32
						33
						34
						35
						36
						37
						38
						39
						40

																1
																2
																3
																4
																5
																6
																7
																8
																9
																10
																11
																12
																13
																14
																15
																16
																17
																18
																19
																20
																21
																22
																23
																24
																25
																26
																27
																28
																29
																30
																31
																32
																33
																34
																35
																36
																37
																38
																39
																40

					1
					2
					3
					4
					5
					6
					7
					8
					9
					10
					11
					12
					13
					14
					15
					16
					17
					18
					19
					20
					21
					22
					23
					24
					25
					26
					27
					28
					29
					30
					31
					32
					33
					34
					35
					36
					37
					38
					39
					40

																							1
																							2
																							3
																							4
																							5
																							6
																							7
																							8
																							9
																							10
																							11
																							12
																							13
																							14
																							15
																							16
																							17
																							18
																							19
																							20
																							21
																							22
																							23
																							24
																							25
																							26
																							27
																							28
																							29
																							30
																							31
																							32
																							33
																							34
																							35
																							36
																							37
																							38
																							39
																							40

																			1
																			2
																			3
																			4
																			5
																			6
																			7
																			8
																			9
																			10
																			11
																			12
																			13
																			14
																			15
																			16
																			17
																			18
																			19
																			20
																			21
																			22
																			23
																			24
																			25
																			26
																			27
																			28
																			29
																			30
																			31
																			32
																			33
																			34
																			35
																			36
																			37
																			38
																			39
																			40

					1
					2
					3
					4
					5
					6
					7
					8
					9
					10
					11
					12
					13
					14
					15
					16
					17
					18
					19
					20
					21
					22
					23
					24
					25
					26
					27
					28
					29
					30
					31
					32
					33
					34
					35
					36
					37
					38
					39
					40

						1
						2
						3
						4
						5
						6
						7
						8
						9
						10
						11
						12
						13
						14
						15
						16
						17
						18
						19
						20
						21
						22
						23
						24
						25
						26
						27
						28
						29
						30
						31
						32
						33
						34
						35
						36
						37
						38
						39
						40

																				1
																				2
																				3
																				4
																				5
																				6
																				7
																				8
																				9
																				10
																				11
																				12
																				13
																				14
																				15
																				16
																				17
																				18
																				19
																				20
																				21
																				22
																				23
																				24
																				25
																				26
																				27
																				28
																				29
																				30
																				31
																				32
																				33
																				34
																				35
																				36
																				37
																				38
																				39
																				40

					1
					2
					3
					4
					5
					6
					7
					8
					9
					10
					11
					12
					13
					14
					15
					16
					17
					18
					19
					20
					21
					22
					23
					24
					25
					26
					27
					28
					29
					30
					31
					32
					33
					34
					35
					36
					37
					38
					39
					40

						1
						2
						3
						4
						5
						6
						7
						8
						9
						10
						11
						12
						13
						14
						15
						16
						17
						18
						19
						20
						21
						22
						23
						24
						25
						26
						27
						28
						29
						30
						31
						32
						33
						34
						35
						36
						37
						38
						39
						40

						1
						2
						3
						4
						5
						6
						7
						8
						9
						10
						11
						12
						13
						14
						15
						16
						17
						18
						19
						20
						21
						22
						23
						24
						25
						26
						27
						28
						29
						30
						31
						32
						33
						34
						35
						36
						37
						38
						39
						40

					1
					2
					3
					4
					5
					6
					7
					8
					9
					10
					11
					12
					13
					14
					15
					16
					17
					18
					19
					20
					21
					22
					23
					24
					25
					26
					27
					28
					29
					30
					31
					32
					33
					34
					35
					36
					37
					38
					39
					40

					1
					2
					3
					4
					5
					6
					7
					8
					9
					10
					11
					12
					13
					14
					15
					16
					17
					18
					19
					20
					21
					22
					23
					24
					25
					26
					27
					28
					29
					30
					31
					32
					33
					34
					35
					36
					37
					38
					39
					40

					1
					2
					3
					4
					5
					6
					7
					8
					9
					10
					11
					12
					13
					14
					15
					16
					17
					18
					19
					20
					21
					22
					23
					24
					25
					26
					27
					28
					29
					30
					31
					32
					33
					34
					35
					36
					37
					38
					39
					40

					1
					2
					3
					4
					5
					6
					7
					8
					9
					10
					11
					12
					13
					14
					15
					16
					17
					18
					19
					20
					21
					22
					23
					24
					25
					26
					27
					28
					29
					30
					31
					32
					33
					34
					35
					36
					37
					38
					39
					40

Made in the USA
Las Vegas, NV
13 March 2022

4552871OR00057